Carl Friedrich von Wiebeking

Der Übergang der Franzosen über den Rhein am 6. Sept. 1795

Carl Friedrich von Wiebeking

Der Übergang der Franzosen über den Rhein am 6. Sept. 1795

ISBN/EAN: 9783743304017

Hergestellt in Europa, USA, Kanada, Australien, Japan

Cover: Foto ©ninafisch / pixelio.de

Manufactured and distributed by brebook publishing software (www.brebook.com)

Carl Friedrich von Wiebeking

Der Übergang der Franzosen über den Rhein am 6. Sept. 1795

Der Übergang der Franzosen über den Rhein am 6. Sept. 1795.

Von

Wiebeking,

churpfälzischen Wasserbaumeister.

Frankfurt am Mayn,

in Commission bey Wilhelm Fleischer

1796.

Mit Recht hat man bisher die Klage geführt: daſs ſo wenig von den militairiſchen Operationen des gegenwärtigen, ganz Europa intereſſirenden, Krieges bekannt gemacht worden ſey. Wirklich iſt auch darüber, auſſer dem Magazin der neueſten Kriegsbegebenheiten, und auſſer der ſchönen und genauen Karte der Belagerung von Maynz, die der preuſſiſche Ingenieur-Lieutenant Humbert aufgenommen und herausgegeben hat, wenig brauchbares erſchienen; denn die von einem verdienſtvollen, und in der Kriegskunſt ſehr erfahrnen Officier

cier angekündigte Überficht der am Ober-Rhein, im Elfafs und in der Pfalz im Jahr 1793 geführten Kriegs-Operationen, welche in der Hellwingfchen Buchhandlung herauskommen foll, wird von jedem Liebhaber mit grofser Begierde noch erwartet. Ich fchmeichle mir alfo dem Publicum einen wirklichen Dienft zu leiften, wenn ich demfelben eine kurze Überficht von den Kriegsbegebenheiten am Nieder-Rhein, und vorzüglich von dem Übergang über den Rhein, mit welchem der diesjährige Feldzug der Franzofen gegen die Kaiferlichen eröffnet worden ift, vorlege.

Unftreitig gehört diefer Übergang zu den wichtigften, und für den Kenner intereffanteften Begebenheiten der neuern Kriegsgefchichte. Und fo grofs die Vorbereitungen dazu waren, eben fo wichtig find auch die Folgen davon gewefen. Er ift ferner für jeden Liebhaber der Kriegswiffenfchaft äufserft lehrreich, weil ähnliche Operationen felten vorkommen. Und vielleicht haben die Annalen des Kriegs noch bis jetzt keinen folchen Übergang über einen grofsen Strom aufzuweifen; wozu nämlich fo weitläuftige,

fehr

sehr gut durchdachte Anstalten getroffen waten, *) der eines Theils in der Nähe eines in der Kriegskunst wohl erfahrnen, und alles, was ihm zu Gebote stand, zur Anwendung bringenden Feindes, beym bergischen Orte Eichelkamp, und andern Theils in dessen Angesicht, aus der Erfbach, über Düsseldorf, ausgeführt wurde.

Dieser Übergang, der in militärischen und politischen Hinsichten von so grofsem Interesse ist, mufs daher wohl ganz nothwendig ein Studium jedes Kenners, jedes Liebhabers von den Kriegswissenschaften, und ich möchte sagen, jedes aufgeklärten Menschen werden; ich theile daher denselben darzu die Grundlage, welche das Resultat meiner Arbeit enthält, mit. Ob ich hierzu im Stande bin, dies mag der Leser aus folgender Nachricht entscheiden.

---

*) Die Batterien sind von einem sehr talentvollen und erfahrnen Officier, von dem *Chef de Brigade du Génie Lagastine* aufgeführet worden, dem der General *Jourdan* in seinem Rapport Gerechtigkeit wiederfahren läfst. (Siehe *Gazette de Leyde* d. 22. Sept.)

Wenig Tage nach dem Einrücken der Franzosen in Düsseldorf, erhielt ich von Sr. Excellenz, dem dirigirenden Minister Freyherrn von Hompesch, auf Requisition des Herrn Kleber, commandirenden Generals vom linken Flügel der Sambre- und Maas-Armee, den Befehl: von den Werken, die am rechten und linken Rheinufer vor dem Übergange errichtet waren, den Plan aufzunehmen. Dies habe ich gethan, weil ich mich den Befehlen meines Chefs nicht entziehen konnte.

So gerne ich nun auch nach dem nämlichen grofsen Mafsstabe, nach welchem ich die Aufnahme verrichten mufste, einige Blätter hätte stechen lassen, so konnte ich solche doch nicht vor acht Monaten liefern. Um aber mit diesen Nachrichten aufzutreten, da die Begebenheit noch im frischen Andenken ist, habe ich das Ganze mit der gröfsten Genauigkeit auf meiner topographisch-militärischen Karte des Herzogthums Berg in 4 grofsen Blättern, jedes von 2 Fufs 11 Zoll Länge, und 1 Fufs 10 Zoll Höhe, nach einem Maafsstabe von 500 rheinländischen Ruthen auf den Decimalzoll; und auf einer Fortsetzung, die den Rhein höher hinauf bis Linz über

Bonn

Bonn darstellt, gezeichnet. Auf diese Karten, die mit diesem *Memoire* bis May 1796 vier Laubthaler, nachher aber fünfe kosten, bezieht sich folgende Übersicht der Kriegs-Operationen am Nieder-Rhein, vom October 1794 bis October 1795.

Nachdem die kaiserlich-königliche Armee, unter dem Befehl des Feldzeugmeisters Grafen von Clairfayt die Stellung an der Ruhr, im Herzogthum Jülich, am 2. October 1794 verlassen hatte, gieng sie am 3. und 4ten über zwey unter Mühlheim sehr vortheilhaft aufgeschlagenen militärischen Brücken*) über den Rhein. Den Übergang deckte eine grosse, jenseits angelegte, Brückenverschanzung, und die beyden Batterien Nro. 41 und 42, welche diesseits auf dem hohen Ufer, unter Mühlheim, lagen. Einige Corps passirten den Rhein bey Bonn, Cöln und Düsseldorf mit Gierbrücken und Fähren. Jene zwey Brücken unter Mühlheim wurden, nachdem die

---

*) Sie sind auf dem Blatt, worauf Cöln liegt, mit zwey gelben Linien bey A bemerkt.

die Truppen das dieſſeitige Ufer erreicht hatten, in der beſten Ordnung aufgenommen.

Die k. k. Armee beſetzte jetzt das Rhein-Ufer bis zur Ruhrmündung, unter Duisburg.

Jedermann glaubte nun, dieſſeits würde, den Winter durch, nichts zu befürchten ſeyn; da insbeſondere die franzöſiſche Armee ſich gegen Holland zog; aber Düſſeldorf wurde ſchon am 6. October von dem Feinde mit Granaten und Kanonenkugeln beſchoſſen. Dieſe ſchreckliche Scene, von der ich Augenzeuge geweſen bin, begann um 10 Uhr des Abends; die vier Stücke, aus welchen gefeuert wurde, ſtanden nahe am Ufer, ohne eine Bruſtwehr vor ſich zu haben. An dieſem Tage waren nehmlich um 9 Uhr Morgens von der Düſſeldorfer Citadelle aus, auf das cöllniſche Zollhaus, in welchem ein feindliches Piquet ſtand, einige Kanonenſchüſſe geſchehen. Dieſes war das Signal, wodurch ſich die Franzoſen aufgefordert fanden, feindlich gegen Düſſeldorf zu agiren; ganz unverſehens fieng alſo, wie erwähnt, Abends 10 Uhr das Bombardement mit Heftigkeit an. Um Mitternacht ſtand das Schloſs, der Marſtall, und verſchiedene bürgerligerliche Häuſer in Flammen; jetzt erſt hörte das Beſchieſsen auf. So büſsten alſo Düſſeldorfs Bewohner, ohne ihr Verſchulden, den Fleiſs ganzer Jahre in einer einzigen Nacht ein, und die Stadt verlor ihre Zierde. Was davon abgebrannt iſt, habe ich auf meiner bergiſchen Karte roth illuminiren laſſen.

Da dieſes Bombardement ſo ganz unerwartet war, ſo veranlaſste die Beſtürzung ſolche raſche Entſchlüſſe, welche das Übel noch ſehr vergröſserten.

Von dieſem für Düſſeldorf ſo unglücklichen Tage an, bis zum Julius 1795, ereignete ſich in dieſen Gegenden, in Hinſicht des Krieges, nichts merkwürdiges. An beyden Ufern wurden zwar Batterien aufgeführt, welche aber keinen Übergang vermuthen lieſsen. So hatten z. B. die Franzoſen am 12. October die Redouten Nro. 3. I. II. III. IV.*) V. und VII. bey dem Dorfe Heerd, Düſſeldorf gegenüber, errichtet, um hier einem Übergange der Kaiſerlichen zu begegnen. Und faſt alle

Bat-

---

*) Dieſe iſt von der Überſchwemmung ruinirt worden, und nicht wieder hergeſtellt.

Batterien an beyden Ufern, von Linz bis Heerd, wurden in diefem Monat, und nur wenige in dem folgenden aufgeführt.

Im Julius diefes Jahres fiengen die Franzofen aber an, die Batterien von Gellep bis unter Friemersheim zu errichten. Die Kaiferlichen thaten dieſſeits von Buckum bis Angerort ein Gleiches. Düſſeldorf gegen über führten die Franzofen drey Batterien, Nro. 4 5 und 6 auf, und verbanden fie, fo wie jene bey Urdingen, mit Laufgräben. Eine gleiche Vorficht übten die Kaiferlichen ohnweit Mündelheim, bey Ehingen und Angerort aus. Diefe errichteten noch eine zweite Linie, welche ans Redouten beftand, die bey Buckum anfiengen, vor Sarem und Ehingen fituirt waren, und an die Angerbach, der vermeintlichen Demarcationslinie, fich anfchloſſen.*) Man fieht alfo, daſs, fo

äuf-

---

*) Da mir das Detail über die Demarcationslinie nicht bekannt ift, fo kann ich nur die vermeintliche Demarcationslinie fagen, weil damahls die Angerbach dafür im Publicum gehalten wurde, ohngeachtet der bergifche Ort Eicholkamp, wo ein preußifcher und kein kaifer-

äufserft günftig auch die verfchiedenen Serpentinen des Rheins für die Franzofen zum Übergange waren, die Kaiferlichen doch alles aufboten, um mit der wirklich kleinen Armee, welche, von der Wipper bis zum Duisburger Walde, aus 15000 Mann beftehen mochte und die von dem Feldmarfchall-Lieutenant Graf Erbach befehligt wurde, den Übergang zu verhindern. Diefen Zweck zu erreichen, wurden im Julius drey Lager errichtet, das eine auf den Höhen zwifchen Ehingen und Sarem; das zweyte und gröfste zwifchen Kalkum und Angermund; das dritte und kleinfte bey dem Haufe Hamm über Düffeldorf.*) Auch das Corps unter dem Prinzen Friedrich von Wirtemberg bezog einige Läger, z. B. eins bey Hangelahr, Bonn gegen über. Dagegen war die Französifche Infanterie der Divifion von General *le Fevre*, zwifchen den Dörfern Friemersheim und Emmerick, fo wie einige Compagnien Grenadiere von

ferlicher Poften ftand, jenfeits diefer Angerbach liegt.

*) Diefe Lagerplätze, fo wie die der Franzofen, find auf meiner bergifchen Karte angedeutet.

von diefer Divifion zwifchen dem Wehrthof und Friemersheim, in Erdhütten, gelagert. Die Cavallerie campirte zwifchen Burkum und Friemersheim. Ein zweytes grofses Lager ftand zwifchen Urdingen, Linn und Caldenhaufen; dann war ein kleines bey Gellep, und ein grofses bey Heerd, rechts und links der Windmühle, errichtet. Auch bey Grimmlinghaufen, Dormagen und bey Cöln ftanden ftehende Lager.

Um franzöfifcher Seits eine falfche Attaque beym Ubergange in der Gegend von Urdingen zu machen, mufsten fie die Infel unter Urdingen, die Bodberger Drapp genannt, im Befitz haben und verfchanzen. Sie befetzten daher diefe Infel am 19. Auguft, indem der General *Jacopin* ein Corps Fufsjäger auf fie hinüber führte. Kaiferlicher Seits konnte fie füglich nicht behauptet werden, weil fie von den auf dem hohen Ufer aufgeführten feindlichen Batterien, eben fo wie das flache Terrain, zwifchen dem Dammhaufe und dem Grind, beftrichen wurde. Auf diefer Infel errichteten die Franzofen drey Batterien zu fiebenzehn Stücken, und fo viele Traverfen, dafs fie aus den kaiferlichen Batterien Nro. 17, 18, 19, 20, 21, und 22 nicht mit Granaten konn-

konnte beworfen werden. Zur fichern Communication mit ihr warfen fie den bedeckten Weg 10^b, der am Friemersheimer Damm anfängt, und am Ufer endigt, auf.

Nachdem ich eine allgemeine Überficht von den Werken und Stellungen diefs- und jenfeits des Rheins gegeben habe; fo theile ich hier ein tabellarifches Verzeichnifs der an beyden Rheinufern aufgeführten Verfchanzungen mit, und befchreibe dann diejenigen, welche zur Attaque beym Übergange beftimmt gewefen zu feyn fchienen, näher.

Verzeich-

Ver

derjenigen Verschanzungen, welche an beyden Rheinufern, von aufgeführt

Nummer auf der Karte	Am rechtseitigen Ufer Ort bey dem die Batterien in der Nähe liegen.	Anzahl der Stücke
Nro. 1	Beym Linzer-Thor	4
2	Unter Erpel	4
3	Unter Unkel	4
4	An der Breitbach	4
5	Ober- ⎫	4
6	⎬ Honnef	7
7	Unter- ⎭	4
8	Ober- ⎫ Königswinter	7
9	Unter- ⎭	6
10	An der Kirche von Ober-Cassel	3
11	Ober ⎫ der alten Windmühle	11
12	Unter ⎭	9
13	⎧	3**
14	⎬ Gegen dem Dorfe Beuel	3**
15	⎩	4**
16	An der Sieg-Mündung	12**
XVI	Auf der Insel Pfaffenmütz	4**

* Von Nro. 1 bis 9 findet man die Werke auf gen sind auf der Cöllner und Düsseldorfer

** Waren schon demolirt, als ich zwölf Tage

zeichnifs

vom October 1794 bis September 1795 Linz bis zum Eichelcamp worden.

Nummer auf der Karte	Am linkſeitigen Ufer / Ort bey dem die Batterien in der Nähe liegen.	Anzahl der Stücke
Nro.		
1	An der Kripp	4
2	Ober Remagen	4
3	Bey dem Unkelſtein	4
4	An der Chauſſée	4
5	Am Wehrt	7
6	Rolands Wehrt	4
7	Dem alten	5
8	Windmühlen - Thurm	4
9	gegenüber	9
10	Ober Bonn	3
11	In der Nähe	2
12	von Grafen -	4
13	Rheindorf, der	2
14	Sieg - Mündung	2
15	gegen über	12
16		6

der Fortſetzung von der bergiſchen Karte; die übri-
Section dieſer Karte angegeben.

nach dem Uebergange die Poſition aufnahm.

Nummer auf der Karte	Am rechtseitigen Ufer — Ort bey dem die Batterien in der Nähe liegen	Anzahl der Stücke
Nro.		
17	Bey dem	4**
18	Dorfe	4**
19	Mondorf	4**
20		4**
21	auf dem	2**
22	Rheiter Wehrt	4**
23	Unter Rheit	6**
24	Zwischen den	5**
25	Dörfern Rheit und Nieder-Cassel	4**
26	Bey Nieder-Cassel	4**
27	am Schneppenhoff	4**
28	unter	4**
29	Im Zündorfer Damm	4
30	Bey der Portzer Windmühle	4*
31	Unter dem	2*
32	Dorfe Portz	2*
33	In Ensen	2*
34	Gegen Poll	4**
35	Ober dem Orte	2**
36	Deutz	4**
37	Gegen dem Kloster	2**
38	In der Mauer des	3**
39	Kloster Gartens	3**
40	Über der Stadt unter Mühlheim	3**
41		4**
42		4**

* Batterien über Bank (*Batteries à barbette.*)

Nummer auf der Karte	Am linkseitigen Ufer – Ort bey dem die Batterien in der Nähe liegen	Anzahl der Stücke
Nro.		
17		5
18	Beym Dorfe Üddig	3
19	Bey der Windmühle	3
20	von Widdig	4
21		6
22	Bey Urfel	2
23		2
24	Ober- ⎫ Nieder-Weſslingen	4
25	Unter- ⎭	10
XXV	Zwiſchen Suerd und Godorf	6
26	Unter Suerd	4
27	Zwiſchen den	4
28	Dörfern Weiſs- und	6
29	Rothenkirchen, um	4
30	die Serpentine	4
31	zu decken	6
32	-	4
33	Unter Rothenkirchen	4
34		4
35		2
36	Bey der Cöllner Landbrücke	4
37	Zwiſchen Cöln	6
38	und dem Dorfe Niehl;	4
39	als Defenſions-	4
40	Werke in der	9
41	nachtheiligen Stromkrümmung	4
42	Ober Merkenich	5

B

Nummer auf der Karte	Am rechtseitigen Ufer Ort bey dem die Batterien in der Nähe liegen	Anzahl der Stücke
Nro.		
43	bey Stammheim	4**
43ᵇ	Ober Wisdorf	4**
44	Am Ende von Hettdorf	1**
45	Unter Monnheim	2**
46	Am Ausleger	4**
47	Unter Volmerswehrt	3
48		3
49		4
50	Auf dem Hammerdamm	2
51	Am untern Ende dieses Dammes ¹)	5
52	Bey der Schneidemühle	2
53	Unter der Festung	3
54	Unter Golzheim	1
55	Unter Lichtenberg	3*
56	Ober Kaiserswehrt	1*
		228

(1 Bey dieser Batterie landeten die Franzosen.
* Batterie à Barbette.

Nummer auf der Karte	Am linkseitigen Ufer – Ort bey dem die Batterien in der Nähe liegen.	Anzahl der Stücke
Nro. 43	Zwischen Merkenich	4
44	und dem Casseler Berg	4
45	Ober ⎫ Langeln	2
46	Unter ⎭	6
47	Bey Zons	3
48	Im Zonser Damm	2
49	Unter Stürzelberg	6
50	Über Grimlinghausen	9
51	Unter dem Kuks	4
52	⎫	7
53	auf dem Ufer an dem Erf-Fluss	4*
54	⎭	4*
	Drey kleine Fleschen a b c gegen Kaiserswehrt	11*
		285

als sie aus der Erf über den Rhein mit Nachen fuhren.

Nummer auf der Karte	Vertheidigungs-Werke [1])	Anzahl der Stücke
	Am rechtseitigen Ufer	
Nro.	Batterien vor Buckum	4
3	Neue Insel-Redoute	3***
4	Eine Flesche	4
5	⎧	4
6	⎨ Die drey Rheinheimer Batterien	8
7	⎩	4***
8	Ein Retranchement	3
9	Batterie, sollte im Damm einge-schnitten werden	5***
11	Sollte im Damm eingeschn. werd.	4***
12	Im Damm ein-	4
13	geschnitten	2
14	Grosse Dammbatterie	9
15	⎧	8
16	⎨ Die Batterien des alten Rheins	7
17	⎩	3
18	Batterie auf dem Grind	5
19	⎧ Batterie von Mündelheim	5
20	⎩	4
21	Maskirte Batterie	7
22	Berg-Batterie	6
23	Ufer-Batterie	3
24	Ehinger-Batterie	5
25	Unter Ehingen	4***
26	Ziegelofen-Batterie	6
27	Eichbaum-Batterie	8
	erste Linie	— 125

[1]) Wozu das Werk Nro. 51 gerechnet werden kann.
*** Nicht vollendete Werke.

Nummer auf der Karte	Werke zum Übergang, oder zur Attaque bestimmt.	Anzahl der Stücke
Nro.	Am linkseitigen Ufer	
1	⎫ Gegen dem Dorfe Heerd	2*
2	⎭	2*
4	Batterie der Citadelle	8
5	Schloſs-Batterie	9
6	Festungs-Batterie	10
	Von Gellep bis Angerort	
1	Gellepper Batterie	15
2	Jäger Batterie	5
3	Batterie von Linn	4
4	Deich-Batterie	6
5	Rhein-Batterie	3
6	Garten-Batterie	4
7	Thurm-Batterie	5
8	Batterie von Urdingen	14
9	Ulmbaum-Batterie	13
10	Bodberger Batterie	11
11	Insel-Batterie	18
12	Wehrt-Batterie	4
13	Friemersheimer Batterie	9
14	Batterie von Angerort	9
1	Die drey Batterien	8
2	auf der Bod-	4
3	berger-Insel.	5
		169

Nummer auf der Karte	Vertheidigungswerke der Kaiserl.	Anzahl der Stücke
	Am rechtseitigen Ufer	
Nro.	Zweyte verschanzte Linie der Kaiserlichen, zwischen Buckum und Angerort.	
VI	In der Ebene vor Mündelheim	3
?	Grose Redoute bey	
	Buckum	5
II	bey Sarem	5
III	in der Ebene	3
IV	Redoute auf der Höhe	4
VIII		3
IX	vor Ehingen	1
X		4
XI		3
	Redouten auf	2
XII	sanfte Anhöhen	2
XIII	zwischen der Land-	4
XIV	wehre bey Ehingen	2
XV	und	2
XVI	der Angerbach	4
XVII		1

Zweyte Linie 48
Erste Linie 125

173

Nummer auf der Karte	Vertheidigungswerke der Franzöfen, in der Gegend von Heerd und bey Düffeldorf	Anzahl der Stücke
	Am linkfeitigen Ufer	
Nro.	Übertrag von Seite 19	285
I		8 *
II		5 *
III		4 *
IV	Vom hohen Waffer zerftört	5 *
		307

Die Werke zwifchen Buckum und der Angerbach follten alfo erbaut werden zu Ein hundert drey und fiebenzig Feuerfchlünde. Hierzu kommen nun die auf den Seiten 14 16 und 18 nachgewiefenen Batterien, welche 228 Stücke faffen konnten. Mithin waren die Werke der Kaiferlichen, ohne die Feftung Düffeldorf in Anfchlag zu bringen, von Linz bis Angerort auf 401 Stück eingerichtet.

Die Werke der Franzofen, welche zur Vertheidigung dienen konnten, waren zu drey hundert und fieben, und die Werke zum Angriff auf 169 Stücke gebaut; mithin konnten die

* à Barbette.

die fämmtlichen Verfchanzungen der Franzofen 476 Feuerfchlünde faffen, wenn diejenigen, welche fie auf den Wällen der Städte Cöln und Bonn pflanzen konnten, nicht mitgerechnet werden.

Da die Werke der Feftung Düffeldorf gegen über, und diejenigen oberhalb und unter Ürdingen zum Angriff beftimmt waren, fo wird eine nähere Befchreibung davon zweckmäfsig feyn. Eben fo unterrichtend ift das Detail über die Batterien und Retranchements, welche dieffeits angelegt waren, um den Übergang zu behindern. Da diefe aber eine Folge von jenen find, fo mache ich mit denjenigen feindlichen Batterien, welche Düffeldorf gegen über liegen, und mit jenen bey Urdingen, den Anfang.

Batterien der Feftung Düffeldorf gegenüber. Nro. 4.

Will ich Batterie der Citadelle *(Batteris de la Citadelle)* benennen; fie hat acht Scharten, aus der obern *) konnte das Glacis beftrichen werden; die fünf folgenden waren auf

---

*) Die Beziehung auf obere und untere Scharten richtet fich nach dem Laufe des Rheins.

auf die Festungswerke gerichtet; von der 7ten aus, bestrich eine Kanone die Hafen-Mündung; die achte hatte ihre Direction auf das Schloss. Nur allein von dieser Batterie ist aus zwey Stücken auf Düsseldorf gefeuert worden; wahrscheinlich um die Capitulation zu beschleunigen. Sie ist von der Citadelle 1680 Fuss entfernt,

Nro. 5.

Kann Schlofs-Batterie heissen, (*Batterie du Chateau*), weil die Direction von sieben Scharten auf das Schloss geht; die zwey untern sind aber auf die Bastion, wovon sie 2285 Fuss entfernt ist, gerichtet.

Nro. 6.

Alle zehn Scharten der Festungs-Batterie, (*Batterie de la Forteresse,*) gehen auf die Festungswerke, von denen sie 2400 Fuss entfernt liegt. Übrigens sind diese drey Batterien, in denen sieben und zwanzig Feuerschlünde standen, welche Düsseldorf, bey der Nähe, in einem Tage zum Steinhaufen hätten verwandeln können, mit einem bedeckten Wege, der aber noch nicht ganz vollendet worden war, verbunden. Zur ungehinderten Communication mit Ober-Caſſel geht von Nro. 5. ein Laufgraben dahin; ein zweyter ſollte von dieſem Dorfe nach Nro. 6. aufgeworfen werden.

Werke in der Gegend von Uerdingen zur Attaque beſtimmt.

Als ich dieſe aufnahm, fand ich deren Benennung, auſſer die von Nro. 12., auf hölzerne Tafeln geſchrieben; da ſie nun dem Locale angemeſſen ſind, ſo werde ich ſie beybehalten.

Nro. 1.

Liegt nicht weit von Gellep. Sie war *Batterie de Gelloup* (ſollte heiſsen Gellep) Batterie von Gellep genannt, und zu 15 Feuerſchlünde eingerichtet. Sie iſt mit Schanzkörben, 20 Schuh hoch, über das Terrain aufgeführt. Die Scharten haben folgende Richtung: Die zwey obern gehen auf die kaiſerliche Batterie Nro. 5. bey Rheinheim; die vier folgende auf Nro. 6; die ſiebende hat die Direction links der groſsen Redoute Nro. IV; aus der achten, neunten und zehnten kann das Terrain zwiſchen dieſer groſsen Redoute und dem Dorfe Mündelheim beſtrichen werden; die eilfte, zwölfte und dreyzehnte Schar-

Scharte bieten Gelegenheit dar, Mündelheim zu beschiefsen; aus den beyden letztern Stücken mufs über Bank (*en Barbette*) gefeuert werden.

Aus dem 1. 3. 4. 5. 6. und 10ten Stück war nur beym Übergange gefeuert worden.

Von diefer Batterie laufen zwey bedeckte Wege; der eine dient zur Communication mit Gellep und der andere verband dies Werk mit Nro. 2. oder mit der Batterie der Jäger (*Batterie de Chaffeurs.*) Diefe war zu fünf Pieçen, beynahe eben fo hoch als Nro. 1., erbaut. Die Direction der oberften Scharte gieng nach der gegenüber liegenden Batterie Nro. 6; die zweyte auf Nro. 7; die zwey folgenden auf Mündelheim, und die fünfte auf Nro. 9. Aus den vier oberften wurde gefeuert.

Nro. 3.

Die Batterie von Linn (*Batterie de Linn,*) fafste fünf Stücke, von den die drey obern zwifchen Scharten auf Mündelheim, und die zwey untern über Bank abgefeuert wurden. Von diefem Werke gehen zwey bedeckte Wege über einen Wiefengrund, fo wie

wie fie mit den feinen rothen Linien angegeben find.

Nro. 4.

Die Deich-Batterie, *(Batterie de la Digue)* ift auf 6 Stücken erbaut; davon waren die beyden obern auf Mündelheim, die drey folgenden auf die grofse kaiferl. Batterie Nro. 14. beym Dammhaufe, und die untern auf die kaiferl. Batterie Nro. 15. gerichtet; Aus den vier untern wurde beym Übergange gefeuert. Von diefer Batterie geht ein bedeckter Weg, bis zu der kleinen Bach, von der nicht weit ein zweyter bis zur Rhein-Batterie und bis Urdingen aufgeworfen ift. Diefe bedeckten Wege erhielten die Communication von Urdingen aus.

Nro. 5, 6, und 7 bey Ürdingen.

Die erftere, oder Rhein-Batterie, *(Batterie du Rhin,)* fafste drey Stücke; die zweyte, oder Garten-Batterie *(Batterie du Jardin,)* war zu vier Kanonen errichtet; und die dritte, oder Thurm-Batterie, *(Batterie de la Tour,)* ift zu fünf Pieçen aufgeworfen. Die zwölf Fenerfchlünde, welche in diefen drey Werken ftanden, fpielten alle auf

auf die kaiferliche Batterie Nro. 14. beym Dammhaufe.

Nro. 8.

Die Batterie von Ürdingen, *(Batterie d'Urdingen,)* liegt nahe am untern Ende der Stadt; fie hängt mittelft eines bedeckten Weges oberhalb mit der Thurm - und Garten-Batterie, und unten mit der Batterie Nro. 9. zufammen, und ift zu 14 Pieçen, von denen die zwey obern das Rheinufer vor dem Dammhaufe beftrichen, erbauet. Die fechs folgenden waren auf die kaiferl. Batterie Nro. 14, gerichtet; die fechs untern fpielten auf die kaiferl. Batterie Nro. 15. und auf das dieffeitige Terrain zwifchen Nro. 15 und 16. Aus allen vierzehn Stücken wurde beym Übergange gefeuert.

Nro. 9.

Ulmbaum - Batterie, *(Batterie de l'Orme,)* liegt zwifchen Urdingen und Bodberg; fie fafst dreyzehn Stücke; die zwey obern waren auf die kaiferl. Batterie Nro. 14. gerichtet, und die drey folgenden wurden auf das Terrain zwifchen dem kaiferl. Retranchement Nro. VI. und jener Damm-Batterie Nro. 14 abgefeuert; auf Mündelheim

fpielspielten die Stücke 6, 7 und 8, aus der 9. 10. und 11ten Scharte wurde auf Nro. 16. gefeuert, und die beyden untern Kanonen beschossen die Flanke von Nro. 17.

Nro. 10.

Die Bodberger Batterie, (*Batterie de Bodberg,*) hängt mit der Batterie *de l'Orme* vermittelst einem bedeckten Wege zusammen. Sie faßt eilf Feuerschlünde, wovon sechs auf die kaiserl. Batterie Nro. 16. und die untern fünf auf die Batterie Nro. 17. spielten. Von diesem Werke gehen zwey Laufgräben zum Schutz der Communication mit Bodberg.

Drey Batterien und viele Traversen auf der Bodberger-Insel.

Nro. 1. Ist zu acht Kanonen erbaut, die obersten zwey wurden über Bank abgefeuert; die dritte und vierte zwischen Scharten auf Nro. 17; die drey folgenden wieder über Bank, und die letzte auf Nro. 18. *Nro. 2.* faßt vier Stücke, die auf Nro. 18. spielten. Und *Nr. 3.* ist zu fünfen eingerichtet. Davon bestrichen die zwey obern *Nro.* 17; die dritte das Dorf Mündelheim, und die untern waren auf Nro. 19. gerichtet.

Die sämmtlichen bedeckten Wege, welche auf dieser Insel aufgeworfen sind, betragen 1500 Ruthen; daran, und an den drey Batterien sollen täglich 4000 Mann, 14 Tage lang, gearbeitet haben.

Nro. 11.

Diese Insel-Batterie (*Batterie de l'Ile*,) ist die gröfste und höchste; sie fafst 18 Stücke, und liegt 22 Schuh über das Terrain. Sie mufste wenigstens so hoch aufgeführt werden, weil die kaiserl. Batterien Nro. 22, 23 und 24 noch höher liegen. Die Direction von der obern Scharte geht auf die Kirche in Mündelheim, also auf die kaiserliche Batterie Nro. 20; das zweyte Stück bestrich das Terrain zwischen Nro. 20 und 21; die Direction der acht folgenden Scharten gieng auf Nro. 21 und 22; die eilfte bestrich die Redoute Nro. X; die Scharten Nro. 12, 13 und 14 hatten ihre Direction auf Nro. 23; die 15te auf Nro. 24; die 16te und 17te auf Nro. 25, und die letzte Scharte auf Nro. 26. Aus allen Scharten spielten beym Übergange Feuerschlünde. Von dieser Insel-Batterie läuft eine Tranchée zur Communication mit der Insel, bis nicht weit vom Rhein; sie deckt zugleich

zugleich das Terrain vor dem Bodberger Deich; von ihr läuft ein Zickzack bis zum Munitionsgewölbe. Übrigens ist diese Batterie von drey Reihen Schanzkörben erbaut, und mittelst eines bedeckten Weges zusammen gehangen mit

Nro. 12.

Diese Batterie hat meines Wissens keine Benennung gehabt; ich werde sie **Wehrt-Batterie** *(Batterie du Wehrt)* heißen, weil sie nahe am Wehrthof liegt. Die vier Stücke, welche sie faßt, wurden folgendergestalt abgefeuert: das obere auf Nro. 24, das zweyte auf Nro. 25, das dritte auf Nro. 26; und das vierte über Bank.

Nro. 13.

Die **Friemersheimer-Batterie**, *(Batterie de Friemersheim)* hängt mit Nro. 12 und 14 durch einen Laufgraben zusammen. Die Direction der drey obern Scharten geht auf Nro. 26. die vier folgenden auf Nro. 27 und die zwo untern bestreichen einen trocknen Graben, oder eine Vertiefung, gleich ober dem Hause Angerort. Aus allen neun Stücken wurde gefeuert. Zur Communication nach dieser Batterie, so wie nach der folgenden

den Nro. 14. geht ein bedeckter Weg bis an die Teiche vor Friemersheim.

Nro. 14.

Ist die letzte französische Batterie, sie heißt die Batterie von Angeroort, *(Batterie d'Angeroort,)* und faßt neun Feuerschlünde; davon bestreichen die obern sechs, durch Scharten, Nro. 27; der siebente aber das Haus Angeroort, und die zwo untern wurden über Bank abgefeuert.

So sind also die sämmtlichen Batterien der Franzosen, von Gellep bis Angeroort, auf hundert acht und dreyßig Stücke eingerichtet, von denen hundert und vierzehn zum Zweck der falschen Attaque bey Urdingen, spielten. Eben so umständlich, als die Batterien der Franzosen analysirt sind, werde ich jetzt die Batterien und Retranchements der Kaiserlichen, welche sie zwischen Buckum und Angeroort errichtet hatten, die aber jetzt demolirt sind, beschreiben.

Verschanzungen der Kaiserlichen.

Sie bestanden aus zwey Linien, wovon die erste von Buckum längst dem Rhein bis Angeroort gieng; die zweyte fieng auch bey Buckum

…… mit der großen Redoute Nro. 1. auf, und lief vor Sarem nach den Anhöhen, die zwischen Sarem und Ehingen situirt sind, auf denen sie bis zum letztern Dorfe aus zwey großen und drey kleinen Redouten bestand. Von dieser Höhe aus ward sie von den Werken Nro. XII. XIII. XIV. XV. XVI und XVII. gebildet, die, nach den eingesteckten Strohwischen zu urtheilen, mit einem bedeckten Wege zusammen gehangen werden sollten. Das Fünfeck Nro. XVIII. lag in der Ebene, und war ein angefangenes Infanterie-Retrenchement.

Erste Linie der Kaiserlichen.

Die erste verschanzte Linie der Kaiserlichen begann mit der Batterie von Buckum Nro. 1.*) Sie war auf einen ovalen Sandhügel situirt, und zu vier Stücken aufgeworfen, wovon das obere die S p e y bestreichen konnte; die Direction der drey folgenden Schar-

---

*) Ich habe bey der Aufnahme einige Tage nach dem Uebergange, die Tafeln nicht mehr gefunden, auf denen die Nahmen der Batterien bezeichnet gewesen seyn mögen: daher gebe ich nun den Werken dem Local angemessene Benennungen.

Scharten war auf den Rhein gerichtet. Da
die Franzofen diefem Werke gegen über keinen Verfuch zum Übergang machten, fo wurde es nicht gebraucht.

Nro. 3.

Weil dies Retranchement einer feit wenig
Jahren entftandenen Rheininfel gegen über
liegt, mag es Neu-Infel Redoute heiffen. Es war noch nicht vollendet; zu einer
Scharte war der Anfang am Rheinheimer
Damm gemacht, die zwey andern Stücke,
welche es faffen follte, würden das Feld zwifchen Sarem und Rheinheim beftrichen haben.

Nro. 4.

War eine flache, im Herbft, vor dem Rheinheimer Damm zu vier Kanonen angelegte
Flefche.

Nro. 5. 6. und 7.

Die drey Rheinheimer Batterien.
Von der erftern gieng die Direction der vier
Scharten auf die franzöfifche Batterie Nro. 1.;
aus zwey Stücken wurde gefeuert. Nro. 6.
war auch auf die feindliche Gellepper Batterie
gerichtet, und zu acht Feuerfchlünde, wo-

Von sechse spielten, im Damm eingeschnitten.

Zu Nro. 7. sollten in dem Damm vier Scharten eingeschnitten werden, deren Direction, nach der Anlage zu urtheilen, auf Nro. 1. gerichtet worden wäre. Das Retranchement Nro. 8. war zu drey Stücken über Bank angelegt, davon gieng ein bedeckter Communications-Weg nach dem Dorfe Mündelheim, dessen Brustwehre gegen Rheinheim aufgeworfen war.

Nro. 9.

Eine Batterie, deren Scharten zwar angefangen, aber noch nicht vollkommen in dem Rheinheimer-Damm eingeschnitten waren, und deren Direction wahrscheinlich auf die feindliche Batterie Nro. 3. gehen sollte.

Die niedrige Flesche *Nro. 10.* war bereits im Winter 1794 aufgeführt worden, jetzt fieng bey ihr der bedeckte Weg an, welcher längst dem Rheinufer, wenig unterbrochen, bis Augeroort fortlief, und der eine Länge von 30500 Fuss hat.

Nro. 11.

Zu vier Scharten angefangen, deren Direction auf Nro. 4. gerichtet war. Zwischen die-

dieser Batterie, welche in der Damm eingeschnitten werden sollte, und der grofsen Damm-Batterie Nro. 14. waren noch zu sechs Kanonen im Damm Scharten eingeschnitten. Sie sind mit Nro. 12 und 13 auf der Karte bezeichnet, und ihre Direction gieng auf die feindlichen Werke Nro. 5 und 6.

Nro. 14.

Die grofse Damm-Batterie, nahe am Dammhaufe, war schon demolirt, als ich die Werke aufnahm. Man sagte mir, sie sey zu neun Kanonen erbaut gewesen, welche auf Nro. 8 gerichtet waren, die, nach Auffage einiger Urdinger, beym Übergange alle gebraucht worden. Andere behaupteten das Gegentheil. Um die Flanke dieses Werks vor das Feuer aus der feindlichen Batterie Nro. 4. zu decken, war eine Trenchée vom bedeckten Wege, bis zum Damm gezogen, so wie sie auf der Karte gegen Nro. 13. gezeichnet ist. Auf eine ähnliche Weise sollte Nro. 15. vor die feindliche Batterie Nro. 4. gedeckt seyn.

Bevor ich den Rheinheimer-Damm verlasse, mufs noch bemerkt werden: dafs in seine innere Daffirung ein Banquet eingeschnitten war, welches bey der Redoute

Nro. 2. oder nicht weit von Bacharrach anfing und am Dammhause endete.

Nrb. 15. 16. und 17.

Nenne ich die Batterien des alten Rheins, (*Batteries du vieux Rhin,*) weil der Rhein, da wo sie liegen, vor Zeiten, floß. Die erste (Nro. 15.) hängt mit Nro. 14. und 16. mittelst einem bedeckten Wege zusammen. Sie ist zu acht Feuerschlünde eingerichtet, davon konnten die obern vier auf die feindliche Batterie Nro. 9. und die untern auf Nro. 10. spielen. Nro. 16. hatte sieben Scharten, von denen die obern drey auf Nro. 9. und die vier untern auf Nro. 10 giengen. Von Nro. 17. aus, konnte die Spitze der Bodberger-Insel und die auf diesem, merkwürdig gewordenen, Eilande befindliche Batterie Nr. 1. bestrichen werden.

Nro. 18.

Die Batterie auf dem Grind, (*Batterie du Grind,*) war zu fünf Pieçen aufgeworfen, davon konnten die zwey obern auf Nro. 1. die zwey folgenden auf Nro 2. und die letzte auf Nro. 3. gerichtet werden. Diese drey feindlichen Batterien liegen auf die Bodberger-Infel. Aus dem besagten Werke (Nr. 18) wurde mit zwey Stücken gefeuert. Von demselben führte ein bedeckter Weg längst dem Rhein, bis zu einem Wiesengrund, nicht fern von Nro. 21.

Eine fanfte Anhöhe, auf welcher das Dorf Mündelheim liegt, die, nach Ehingen zu, höher und steiler wird, both ein, zur Errichtung einiger Verschanzungen, vortheilhaftes Terrain dar, welches der Major von *Starczinsky* *) benutzte; er ließ nehmlich zur Communication von Mündelheim nahe dabey einen Laufgraben anfangen und bis zur Bergbatterie (Nro. 22) aufwerfen. Dann wurden die Batterien vor Mündelheim Nro. 19 und 20, die erste zu fünf, und die zweyte zu vier Kanonen errichtet, welche die französischen Werke auf der Insel bestrichen.

Nro. 22.

Die Berg-Batterie, *(Batterie de la Montagne,)* faßte sechs Stücke, welche gegen die große Insel-Batterie (Nro. 11. gerich-

*) Dieser erfahrne Officier war beym Generalstaabe angestellt; er hatte die Verschanzungen bey Mündelheim zu dirigiren.

det werden konnten. Am Fuſse dieſes Berges lag noch eine maskirte Batterie (Nro. 21.) von welcher ſieben Kanonen, im nöthigen Fall, den linken Rheinarm und die Inſel beſtrichen.

Nro. 23.

Mag Ufer-Batterie (*Batterie du Rivage,*) heiſsen. Sie war zu drey Stücke erbaut; das oberſte konnte den linken Rheinarm vortheilhaft beſtreichen; die Direction der zwey untern Scharten gieng auf Nro. 11.

Nro. 24.

Die Ehinger-Batterie, (*Batterie d'Ehingen,*) war mit groſser Sachkenntniſs und mit beſonderem Fleiſse erbaut; aus der oberſten Scharte konnte der rechtſeitige Rheinarm beſtrichen werden; die Direction der zweyten gieng auf die Inſel; das dritte und vierte Stück würde den linken Rheinarm beſtrichen haben, und das fünfte konnte auf Nro 11. gerichtet werden.

Nro. 25.

War mit der nehmlichen Genauigkeit und Schärfe, von Raſen, ſo wie die vorigen, angefan-

gefangen, aber noch ohne Scharten, deren
sie viere erhalten sollte, welche zuverläsig
auf die Insel-Batterie angelegt wären.

Bey Nro. 26. stand ein Ziegelofen, sie
mag also Ziegelofen-Batterie, (*Batterie de la Thuillerie*) heissen. Die darin angebrachten sechs Scharten hatten folgende Direction: Die zwey obern auf die feindliche Batterie Nro. 11; die dritte auf Nro. 12; die vierte nach dem Thurm zu Friemersheim; die fünfte auf das Terrain zwischen den Batterien Nro. 12. und 13, und endlich die sechste auf Nro. 14.

Da eine grosse Eiche bey Nro. 27. steht, so nenne ich sie Eichbaum-Batterie, (*Batterie du Chêne*,) sie war zu acht Feuerschlünde eingerichtet; aus den zwey obersten konnte auf Nro. 12. gefeuert werden; der dritte würde das Terrain zwischen Nro. 12 und 13 bestrichen haben; die drey folgenden spielten auf Nro. 13. und die zwey letzten auf Nro. 14.

Der bedeckte Weg, welcher bey Mündelhelm anfieng und die Werke der Reihe nach verband, endigte nicht weit vom Hause Angeroort. Aus dieser umständlichen Beschreibung

…bung, der kaiserlichen Batterien in der ersten Linie, geht also hervor: daſs dieſelbe, vollendet, einhundert fünf und zwanzig Feuerſchlünde faſſen konnte. Aus wie vielen aber eigentlich, beym Übergang, gefeuert wurde, und wie groſs die Anzahl der eingeſchobenen Stücke geweſen, dieſes kann ich nicht genau beſtimmen.

Bevor nun die zweyte Linie der Kaiſerlichen erklärt wird, muſs hier noch gedacht werden:

1ſten, einer kleinen Interims-Verſchanzung, welche aus den Fleſchen V und VII und aus einem kleinen Graben vor Mündelheim beſtand. 2tens verdient das Retranchement Nro. VI., welches in der Ebene, ſeitwärts dem Dammhauſe, lag, bemerkt zu werden; ſeine Bruſtwehre, die 8 Schuh hoch über das Terrain hervorragte, ſein Banquet und die Appareillen waren von Raſen aufgeſetzt. Es war zu drey Kanonen eingerichtet.

Da die Richtung der zweyten Defenſions-Linie der Kaiſerlichen ſchon oben angegeben iſt, ſo mögen hier die Werke, aus denen ſie beſteht, der Reihe nach, beſchrieben werden.

Nro.

Nro. 2.

Am Rheine fängt die zweyte Linie mit der grofsen Buckumer Redoute (*Grande Redoute de Buckum*) welche zu fünf Stücken beftimmt war, an. Sie ift nicht vollendet, und follte, wie der Anfang zeigt, mit einem Banquet verfehen werden; ein breiter Graben umfchlofs fie. Ihre Lage auf dem runden Hügel ift fehr vortheilhaft.

Zwifchen diefem Werke und der kleinen Capellen-Redoute, *Redoute de la petite Chapelle*) vor dem Dorfe Sarem (Nro. II.) die mit ihm von gleicher Gröfse ift, follte noch ein Retranchement kommen.

Nro. III.

Eine grofse Redoute mit Flanken und Façen, zu drey Kanonen eingerichtet, und mit Banquets verfehen, beftrich mit Nro. II. die Ebene zwifchen den Dörfern Rheinheim, Mündelheim und Sarem; fie kann Saremmer Redoute (*Redoute de Sarem*) genannt werden.

Die Retranchements auf den Anhöhen vor Ehingen beftehen, 1ftens: aus der Redoute Nro. IV, zu vier Stücken eingerichtet; 2tens: aus den Redouten Nro. VIII. und IX; davon die

die erſtere zu drey, und die letztere zu einer Kanone aufgeführt war. Endlich lagen auf dieſen Bergen noch Nro. X und XI, dieſe für drey, und jene für vier Pieçen beſtimmt. Alle dieſe Werke deckten das Lager, welches auf der Anhöhe ſtand. Sie ſollten wahrſcheinlich noch unter einander, und mit den Redouten Nro. III. und II. mittelſt eines bedeckten Weges verbunden werden, der dann auch von Nro. X nach Nro. XII geführt worden wäre.

Nro. XII, XIII, XIV, XV und XVI, ſind Retranchements, die auf ſanften Anhöhen liegen, und im Rücken den Auellheimer Graben und Wieſengründe haben. Davon war die erſte Redoute oder Nro. XII. für zwey Kanonen, die 2te für eine gleiche Anzahl beſtimmt. Die dritte, grofse unvollendete Redoute ſollte für fünf Stücke eingerichtet werden; die vierte Nro. XV. konnte zwey Kanonen faſſen; und in die letzte grofse Redoute, die 14 Tage vor dem Übergange fertig geworden war, konnten vier Stücke aufgeführt werden. Von dieſer letztern führte ein bedeckter Weg nach dem für eine Kanone beſtimmten kleinen Retranchement Nro. XVII.

Endlich war noch ein Infanterie-Retranchement, in Form eines regulären Fünfecks, auf

auf der Ebene zwischen Ehingen und Sarem angefangen. Es ist auf der Karte mit Nro. XVIII bezeichnet.

Dieses waren demnach die Werke der zweyten Linie, welche zu acht und vierzig Stücken, dem Terrain angemessen, aufgeführt, und mit Banquets versehen wurden. Ich glaube der kaiserl. General von der Artillerie, Herr von Vunk, hat ihre Anlage bestimmt.

Vorbereitung zum Uebergange.

In Düsseldorf waren, einige Tage vor dem Übergange, folgende Anstalten, welche die Franzosen getroffen hatten, ganz bekannt, und durchaus keine Geheimnisse. Sie hatten nehmlich 87 grosse Schiffe aus Holland nach dem Essenberg bringen lassen;[*]) zwar konnte mit denselben die Armee nicht übergesetzt werden, aber es war doch aus diesen kostbaren Anstalten, welche monatlich 38 tausend Gulden zu stehen kamen, zu schliefsen, dafs es den Franzosen mit dem Übergange Ernst sey; denn nachdem derselbe glücklich ausgeführt

[*]) S. den Bericht eines preufsischen Officiers in der Leydner französ. Zeitung.

fahrt feyn würde, konnten die Schiffe zu einer ſtehenden Brücke dienen.

Zweytens wuſste man, daſs von der Moſel her, hundert Pontons nach Urdingen gefahren worden, deren kleine Form dem Rheinſtrom nicht angemeſſen waren; denn ihre Länge betrug nur 19 Fuſs 9 Zoll. Ferner war 3tens die gewiſſe Nachricht dieſſeits da: daſs die Feinde in den Erf-Fluſs, der vor Neuſs vorbey und oberhalb Heerd in den Rhein flieſst, nicht weit von ſeiner Mündung, gewöhnlich Rhein-Nachen liegen hatten, mit welchen ſie einige hundert Mann zugleich nach der Batterie Nro. 51. überſetzen konnten. Selbſt einige Tage vor dem Übergange fuhren die Franzoſen mit einigen Nachen auf dem Rhein bey hellem Tage, *pour s'amuſer*, wie ſie dem kaiſerlichen Poſten bey jener Batterie zugerufen haben ſollen, und kehrten dann wieder in die Erf zurück. 4tens war bekannt, daſs von den Franzoſen eine ziemliche Anzahl groſser Ruhr-Nachen gekauft *) waren, die ſie beynahe bis gegen den Eichelkamp, oder doch nicht weit unterhalb demſelben, ſtromwärts geführt hatten; und mit die-

*) Der preuſsiſche Bericht ſpricht von dreyſsig

diefen fowohl, als mit kleinern Nachen, manövrirten fie täglich auf dem Rhein, wozu diejenigen Infanteriften ausgefucht wurden, welche aus Seeftädten, oder des Fahrens kundig, waren. Auch die Nymeger Gierbrücke hatten fie heraufbringen laffen. 5tens wurden in den Batterien Düffeldorf gegen über, die Lager zu den Stücken gelegt, wozu die Breter aus Flofshölzern, welche mit der hohen Überfchwemmung hinter dem Durchbruch des Heerder Dammes gekommen und liegen geblieben waren, gefchnitten wurden. Die Holzfchneider konnte man von Düffeldorf aus mit Ferngläfern, arbeiten fehen, und das Herbeyfahren der Breter nach den Batterien konnte man mit blofsen Augen erkennen. In einigen Scharten, Düffeldorf gegen über, waren fchon einige Tage vor der Expedition Kanonen eingefchoben.

Betrachtete man in jenen Tagen die politifche Spannung in Europa, die zum Frieden wenig Hoffnung gab, fo liefsen die furchtbaren Anftalten, welche fowohl von Seiten der Franzofen, als der Kaiferlichen getroffen waren, keinen Zweifel übrig, dafs die erftern fehr ernftliche Verfuche zum Übergange machen würden. Eine Crifis, für die

deut-

deutschen Rheinländer, die nun ihrer Entscheidung nahe zu seyn schien, weil das letzte Mondsviertel eintrat, und der Übergang nur in einer Nacht vorgenommen werden konnte, die mit Dunkelheit begann, in Dämmerung übergieng, in der es nach Mitternacht immer heller ward. Denn so konnten sich die Truppen in der Nähe des Rheins versammeln, die Munition und die Kanonen in die Batterien fahren, ohne daſs die Kaiserlichen mit der gröſsten Wachsamkeit solches bemerkten.

Uebergang am 6ten September.

Nachdem der General *Kleber*, welcher die vier Divisionen, die, von dem General en Chef *Jourdan* zu diesem Unternehmen, bestimmt waren, commandirte, alle vorläufige, und zum Theil hier erwähnte Anstalten hatte treffen laſsen: kam der General *Jourdan* am 5ten gegen Abend nach Creveld, das er kürzlich, am 26. August, mit dem ganzen Generalstaabe verlaſsen hatte, von wo er damals nach Coblenz gieng. Aus der Veränderung des Hauptquartiers schloſsen viele: der Übergang würde zwischen Coblenz und Andernach versucht werden, worüber auch alle Zeitungen einstimmig waren. Das Hauptquartier brach jetzt

von

von Creveld nach dem Rhein auf, und erſt
gegen 8 oder 9 Uhr des Abends ſoll der Ent-
ſchluſs zum Übergange, den Generals der
Brigaden und den Officiers, ſo wie der Armee, bekannt gemacht worden ſeyn. Die
Expedition nahm nun eine Wendung, worüber meine Bemerkungen weder intereſſant
noch nützlich ſeyn können. Ich erzähle ſie
daher nur ſo treu, als es mir nach den darüber geſammelten Nachrichten, die ich von
Augenzeugen habe, möglich iſt. Dieſen zu-
folge, marſchirte die Diviſion, welche der be-
kannte General *le Févre* commandirte, nach
der Gegend von Friemersheim und Bloers-
heim, Dörfer, bey denen ſie ganz in der Nähe campirte. Davon ſchifften alſo zugleich
mehrere hundert Infanteriſten mit Nachen
über, die ſich beym Eichelkamp verſamm-
leten, und dann auf die Landſtraſse, die von
Düſſeldorf nach Duisburg, durch den Duisburger Wald führt, zu marſchirten. Sie ſtieſ-
ſen im Walde, nicht weit von dem Dammwege
vor Spyck, auf einen kaiſerlichen Vorpoſten.
Indem ſich dieſes zutrug, mochte es beynahe
Mitternacht ſeyn. Und jetzt fiengen die Franzoſen an, aus allen ihren Batterien über und
unter Urdingen mit 114 Feuerſchlünden zu
feuern, und beſchoſſen insbeſondere aus den

D groſ-

großen Batterien Nro. 1. und 11, welche man die Flanqueurs nennen könnte, das Terrain zwischen Rheinheim, Ehingen und Mündelheim.*) Die kaiserlichen Scharffchützen und die Poften in und um Mündelheim und in den andern Dörfern, alles eilte nun nach dem Rhein, um den Übergang zu verhindern. Es war ganz natürlich, dafs der schreckliche Kanonendonner nicht das kleine Gewehrfeuer bey Spyck, den Truppen, die bey Mündelheim ftanden, hörbar werden liefs; dafs fie alfo von dem Übergange beym Eichelkamp nicht vollftändig unterrichtet feyn konnten. Während bey Urdingen die Franzofen eine falfche Attaque, unter dem Befehl des Divifions-Generals *Grenier* formirten, paffirte in der Gegend des Eichelkamps unaufhörlich die Divifion von *le Fèvre* **) welcher die Divifion vom General *Tilly* folgte. Durch die Vorpoften avertirt, rückte das kaiferliche Piket, welches in Hockum und Spyck ftand, über den Spyckifchen Damm, den Franzofen entgegen, und diefe wurden

wirk-

*) Die Artillerie commandirte der Brigaden-General *Debelle*.

**) Diefer General foll mit feinen Adjudanten den erften Nachen eingenommen haben.

wirklich zurück geworfen. Da sie aber unaufhörlich neue Verstärkung an sich zogen; forcirten sie die gefährliche Passage über den spyckschen Dammweg; achteten das Kartätschenfeuer nicht, und drangen bis in Spyck vor; verfolgten so die Strafse bis Hockum, bey welchem Orte es noch zu einem kleinen Gefechte kam.

Wenn die auf den Anhöhen bey Ehingen im Lager gestandene Abtheilung, welche der Obrist von Auffenberg, ein sehr erfahrner und geschickter Officier, commandirte, aufbrach, wo sie gleich anfänglich hinmarschirte, dies — habe ich nicht erfahren können. Indessen fand ich einige Brücken auf dem Auelheimer Graben, die es wahrscheinlich machen, dafs der Obrist von Auffenberg zur Unterstützung der Posten in Hockum herbey geeilt sey: denn es ist der Rückzug der Kaiserlichen auf der Heerstrafse nach Kaiserwehrt, vor Wittlar vorbey, nach Aussage unpartheyischer Augenzeugen, in der vollkommensten Ordnung geschehen.

Dieses Locale in der Gegend von Urdingen werden meine Leser mit mir auf einige Augenblicke verlassen, um den wichtigen Ereignissen, die bey Düsseldorf vorfielen, zu folgen. Sie werden auf meiner bergischen Karte die Gegend gezeichnet finden, und alſo folgende Beſchreibung leicht mit dem Locale vergleichen.

Es ſetzte nehmlich der Brigade - General *le Grand*, an der Spitze eines Grenadier - Bataillons, mit Nachen, kurz vor Mitternacht, aus dem Erf-Fluſs über den Rhein, und landete nahe bey der kaiſerlichen Batterie Nro. 51. So wie nun die erſten Nachen auf den Rhein kamen, feuerten die Kaiſerlichen aus ihren vier Stücken, die ſie in dieſer Batterie, in welcher fünf Scharten gebaut waren, hatten. In dem nehmlichen Augenblick antworteten die Franzoſen aus den auf dem hohen Ufer vor Heerd liegenden zwey Batterien Nro. 1. und 2, und beſtrichen damit den Laufewehrt.

Da die Entfernung von der Erf-Mündung bis zur Batterie Nro. 51. zweytauſend ſieben hundert und ſechzig Schuh beträgt, ſo konnten die Franzoſen dieſe Diſtance auf dem Rhein, wenn ſie gleich zum Anlanden einige Minuten gebrauchten, in 26 Minuten zurücklegen. Das kleine kaiſerliche Lager beym Hauſe Hamm, welches 3300 Fuſs von dieſer Batterie entfernt war, konnte alſo

zur

zur Unterſtützung des Poſtens bey der Batterie nicht ſchnell genug ankommen, und ſo fiel ſie denn auch in franzöſiſche Hände. Die Kanonen wurden aber noch ſämmtlich gerettet. Dem General *le Grand* folgten jetzt immer mehrere Truppen aus der Erf, die er ſammlete, und mit welchen er um 4 Uhr bis zur Neuſtadt vorrückte. Jetzt eilten kaiſerliche Uhlanen und einige Infanterie, welche vor Düſſeldorf, in Pempelfort und andern Dörfern lagen, auf die Neuſtadt zu, wo ſie ſchon auf dem Felde zwiſchen der Düſſelbach und den Häuſern, die Franzoſen aufmarſchirt fanden. Sie mußten nahe vor meiner Wohnung vorbey, über eine Brücke, die einzige Paſſage für ſie. So lebhaft dieſes Gefecht war, ſo wurden die Kaiſerlichen, welche äußerſt tapfer ſtritten, denen aber auch Tapferkeit entgegen geſetzt wurde, doch von der weit größern Zahl genöthigt, über die Brücke den Rückzug zu nehmen. Die Franzoſen blieben, nachdem ſie dieſelbe paſſirt hatten, nicht weit davon, bey der Grindkuhle ſtehen. Indem dieſes Gefecht vorfiel, zeigte ſich der franzöſiſche Diviſions-General *Championette* mit der Cavallerie, Düſſeldorf gegenüber. Er ſchickte einen Officier hinüber, welcher dieſe Feſtung auf-

aufforderte, und liefs aus zwey Stücken auf die Stadt feuern, um die Capitulation zu beschleunigen. Indeſſen ſollen, während die Capitulation geſchloſſen wurde, ſchon viele Franzoſen einen engen Pfad an der Feſtungsmauer längſt dem Rhein, gefunden haben, (den ſie freylich ſehr leicht von jener Seite entdeckt haben mochten,) und ſo waren ſie denn wirklich ſchon vor dem Schluſs der Capitulation in die Stadt gekommen; welches einige Einwohner behaupteten.

Bey dieſer Gelegenheit kann ich nicht unterlaſſen anzuführen, daſs ſchon einige Tage vor dem Übergange Franzoſen bis ganz nahe an dem Ufer vor Düſſeldorf hinſchwammen.

Unter dieſen Umſtänden, da die Kaiſerlichen von Düſſeldorf entfernt waren, da die Franzoſen unter die Wälle ſtanden, da die Garniſon von Düſſeldorf ſehr ſchwach, und auf keine Belagerung gerechnet war, welche Düſſeldorf als eine ſehr fehlerhafte Feſtung auch gar nicht aushalten konnte; und endlich um dieſe Stadt nicht unnützer Weiſe in einen Steinhaufen verwandeln zu laſſen, faſste der Miniſter von Hompeſch, und der General-Lieutenant Zedtwitz den Ent-
ſchluſs:

schluſs: die Festung unter sehr ehrenvollen Bedingungen zu übergeben *) In dem VIII. Artickel der Capitulation wurde Sicherheit des Eigenthums verſprochen.

Jetzt müſſen wir in die Gegend von Urdingen zurükkehren. Dort liefs der Diviſions-General *Grenier* bey der Batterie von Linn (Nro. 3.) Nachen und Fähren in den Rhein, um nach der kaiſerlichen Damm-Batterie überzuſetzen. Allein eine Sandbank, die im Rhein liegt, und die den Franzoſen nicht bekannt war, ſetzte dem Überfahren grofse Hinderniſſe entgegen, die endlich gegen 5 oder 6 Uhr überwunden ſeyn ſollen; Hierbey bemerke ich nun noch: dafs der Rhein ſehr niedrig und nur 4 Fufs 3 Zoll über ſeiner niedrigſten Waſſerhöhe vom Jahr 1766 ſtand. Seine Geſchwindigkeit im Stromſtrich betrug am 6ten Sept. (nach einer Meſſung, die ich bey faſt gleicher Waſſerhöhe angeſtellt

---

*) Selbſt aus dem Rapport des General Jourdan ſieht man: dafs die Franzoſen zur Einnahme Düſſeldorfs von allen fürchtbaren Hülfsmitteln Gebrauch gemacht haben würden; da ihnen, wie Jordan ſagt, ſehr viel an Düſſeldorfs Beſitz lag. Siehe *Gazette de Leyde de* 22. *Sept.*

geſtellt habe,) bey Urdingen 4 Fuſs 6 Zoll 2 Linien in der Secunde. Daſelbſt betrug bey dieſem Waſſerſtande die Breite des Rheins — — 183 rheiniſche Ruthen beym Eichelkamp 120 — — Bey Düſſeldorf, wo die Gierbrücke, geht 90 Ruthen; an der ſchmalſten Stelle bey der Citadelle 45 Ruthen.

Nach dem preuſsiſchen Official-Berichte, der in der Leydner franzöſiſchen Zeitung ſteht, waren am 6ten Morgens um 3 Uhr beym Eichelkamp drey Kanonen, ſamt der dazu gehörigen reitenden Artillerie und 500 Mann Cavallerie über. Um dieſe Zeit mag die Diviſion von *le Fèvre* ſämmtlich paſſirt ſeyn: denn nach dem Rapport vom General *Jourdan* marſchirte *le Fèvre* auf Angermund zu. Die Diviſion von *Tilly* folgte nun jener über den Rhein und rückte gegen Kaiſerswehrt.

Um 6 Uhr des Morgens beſetzten die Franzoſen Düſſeldorf, worinn der General *Championette* ſein Hauptquartier aufſchlug. Sie lieſsen hier, bey Urdingen, und bey dem Eichelkamp, ihre Artillerie und Cavallerie überfahren. Während der General *Dejean* vom Ingenieur-Corps, der vor dem Übergange

gange, von der Nord-Armee aus Holland ankam, beschäftigt war, die grosen Schiffe zur stehenden Brücke nach Urdingen herauf zu schaffen, woselbst sie am 8ten aus 42 Schiffen (bey A. nach der punctirten geraden Linie) geschlagen wurde, liefs der Ingenieur-Officier *Lagastine* die Düsseldorfer Gierbrücke aus dem dortigen Hafen in den Rhein bringen.

Beweggründe zum Rückzug der Kaiserlichen.

Es wird jedem, der diese Darstellung der Begebenheiten nur mit einiger Aufmerksamkeit, gelesen hat, nicht schwer zu begreifen seyn, dafs die kaiserlichen Befehlshaber sich zum Rückzug entschliefsen mufsten; denn 1stens war nach der Übergabe der Festung Düsseldorf die Communication zwischen dem Corps des Feldzeugmeisters Grafen **Erbach** und dem Corps des Prinzen von **Wirtemberg** unterbrochen; 2tens konnte jetzt das Lager vor Kalkum in beyden Flanken und in der Fronte attakirt werden. Ferner konnten die vier Divisionen der Franzosen, welche am 7ten diefseits, mit Artillerie und Cavallerie

rie, beyſammen ſeyn muſsten, wenigſtens dreymal ſo ſtark als das Corps des Grafen Erbach werden. Dieſer General zog ſich alſo ſchon am 6ten Morgens über Ratingen nach Elberfeld zurück, um die groſse Landſtraſse nach Frankfurt zu erreichen, welche über Schwelm und Meinertshagen führt: Dieſes Corps erreichte auf dieſe Weiſe, ohne den geringſten Verluſt, die Lahn: denn die Franzoſen konnten vor dem 8ten nichts kräftiges unternehmen, da ihre Cavallerie und Artillerie erſt am 7ten, den Strom paſſirte. Am 8ten brachen die Diviſionen von *le Fevre* und *Championnet* auf; die erſte muſste die Paſſage über die Oplader Brücke forciren, nachdem ihre Avantgarde von den Kaiſerlichen repouſſirt worden war. Die Diviſion von *Championnet* lagerte ſich bey Hettdorf. Und ſo fiel alſo, auſſer einigen kleinen Scharmüzeln bey Flittdorf u. a. O., bis zur Sieg nichts Wichtiges vor. Der Prinz von Wirtemberg machte ſeinen Rückzug in der beſten Ordnung; er lieſs bey Meindorf, jenſeits der Sieg, zwey Batterien aufwerfen, die aber verlaſſen wurden. Den Keſsberg, *) vor Ucke-

---

*) Auf dieſem Berge ſollen ſie zwey Batterien gehabt haben.

Uckerath vertheidigten die Kaiserlichen, noch so lange muthvoll, bis sie ihn zu verlassen gezwungen wurden.

An dem Sieg-Flusse theilte sich die französische Armee in zwey Colonnen; die eine marschirte über Uckerath und dem Westerwalde; die zweyte defilirte am rechtseitigen Rhein-Ufer über Königswinter und Linz nach Neuwied. Wie diese avancirte, wurden die grosen Brückenschiffe von Urdingen nach Bonn und Cöln geschaft, woselbst Brücken errichtet wurden: so stand bey Cöln am Beyn, (nach der punctirten Linie bey A,) eine Brücke.

Es ist übrigens noch merkwürdig, daſs die französischen Ingenieurs schon damahls, als ihre Armee siegreich vordrang, dem Dorfe Grimmlinghausen gegenüber, also diesseits, eine groſse Brückenverschanzung anlegten, und solche mit dem Dorfe Hamm durch einen militairischen Weg verbanden; und daſs sie zwölf Tage nach dem Übergange, noch einige Batterien als z. B. No. 11. (unter Bonn) vergröſserten.

Ich könnte zwar diese Nachrichten mit einiBemerkungen über das Local des NiederRhei-

Rheins in Hinſicht eines Überganges und der Defenſion vermehren, aber ich glaube, es wird den Militairperſonen, und den Kennern von der Kriegswiſſenſchaft, lieber ſeyn, wenn ich ſie ihren weit reiffern Betrachtungen überlaſſe. Und ſo will ich nur die Behauptungen wagen; daſs nach meiner Kenntniſs, die ich als Hydrauliker von einigen Strömen habe, kein Strom beſſere Gelegenheit zum Übergange, in Rückſicht ſeiner Krümmungen, darbietet, als der Rhein längſt dem Bergiſchen und Cleviſchen. Zweytens: daſs die Feſtung Düſſeldorf nur für den Feind, der jenſeits dem Rhein ſteht, vortheilhaft iſt, weil, wenn er ſie durch ein Bombardement zur Übergabe nöthigt, oder wenn er an einem andern Ort den Strom paſſirte, mit dieſer ſchlechten Feſtung immer einen feſten Punct dieſſeits gewinnt. Übrigens wird jede Feſtung, die am Rhein liegt, nur dann für Deutſchland nützlich, wenn ſie jenſeits dem Strom, oder dieſſeits ſo angelegt iſt: daſs ſie am Rheinufer mit guten Werken hinlänglich verſehen iſt. Im erſten Falle iſt ſie alsdann vom gröſsten Nutzen, wenn ſie in einer Stromkrümmung, (wie z. B. diejenige bey Stürzelberg, oder wie die bey Heerd) erbaut iſt. Wären dieſe
zwey

zwey Serpentinen im Sommer 1794 befeſtigt
geweſen, ſo würde vielleicht Holland von
den Franzoſen nicht erobert worden ſeyn;
weil ſie alsdann gegen ſolche Verſchanzungen, vor denen der Rhein zum Theil hingeführt werden konnte, eine groſse, Armee hätten ſtellen, und dabey befürchten müſſen,
daſs die geſammte kaiſerliche Armee, entweder von dem einen oder von dem andern
Retranchement aus, auf ſie fallen würde.
Leider konnten ſolche Werke aber nicht in
kurzer Zeit aufgeführt werden! Endlich
wird mir darinn jeder beyſtimmen: daſs,
wenn Düſſeldorf befeſtigt wäre, das Herzogthum Berg bey weitem die Drangſale
des Krieges nicht ſo lange zu tragen haben
würde, als jetzt. Und ſo wünſche ich denn
als ein Bewohner dieſes Landes, deſſen Einwohner durch Fleiſs und Sparſamkeit, insbeſondere ſeit funfzig Jahren, wohlhabend
geworden ſind,*) daſs (nach dem Frieden,
den

---

*) Von dem Herzogthum Berg beſitze ich eine
ziemlich vollſtändige Geographie und Statiſtik,
die ich ſeit acht Jahren mit groſsen Koſtenaufwande geſammelt habe; Materialien, die vielleicht nach dem Frieden geordnet, und dem
Publicum vollſtändig mitgetheilt werden.

den diefes Land fo fehr bedarf, wenn feine
Manufacturen und fein Wohlſtand nicht zu
Grunde gerichtet werden foll) die Feſtungs-
werke um Düffeldorf, demolirt werden mögen.

Zum Schluſs muſs ich noch allen Lefern,
die als Augenzeugen von den Vorfällen,
die beym Übergange ſich ereigneten, fpre-
chen können, geziemend erfuchen, im Fall
fie diefen oder jenen erzählten Vorfall näher mit Beweifen unterſtützt, zu erläutern
im Stande find, dafs fie die Güte haben, mögen, ihre Bemerkungen an mich, fo lange
bis die Ruhe in den Rheingegenden hergeſtellt iſt, nach Gotha zu addreffiren, wo-
felbſt ich mich für jetzt aufhalte, um an einem Werke über die Hydraulik ruhig arbeiten zu können. Ich werde dann ihre Bemerkungen, dem Publicum mit Vergnügen
mittheilen.

Gefchrieben in Gotha, am Ende Novem-
ber 1795.

Ankündigung
einer
Karte von den Provinzen Holland und Utrecht.

Die genauen Karten und Plane, welche ich auf meinen Reisen in Holland gesammlet habe, die – selbst für grosse Summen nicht käuflich sind, haben mich bestimmt: von der Republik der vereinigten Niederlande eine, aus, wenigstens, achtzehn Blättern bestehende Karte zusammen zu tragen und herauszugeben. Davon erscheinen zuerst, bis May 1796, obige zwey Provinzen in acht Blatt, wovon jedes, 16 Zoll 9 Linien hoch, und 22 Zoll lang ist. Der Maasstab ist nur wenig kleiner, als derjenige, welchen *Cassini* zur Karte von Frankreich wählte. Nach ihm beträgt nehmlich ein Grad des Aequators 3 Fuss 5 Zoll 1 Linie Pariser Maas.

Diese Karte ist, (was sich von selbst versteht,) nach den neuesten astronomischen Beobachtungen graduirt worden. Sie wird die Deiche, Schleusen, Sommerdämme und alle Wasserbauwerke, so wie auch die Sandbänke und Tiefen in den Gewässern anzeigen.

Damit nun die Liebhaber Gelegenheit haben mögen, dieses Werk zu sehen, so sind die drey ersten Blätter nach folgenden Städten und Buchhandlungen gesandt worden, als: nach Frankfurt a. Mayn an Herrn *Wilh. Fleischer;* nach Wien, an Herrn *Artaria;* nach Amsterdam, an Herrn *Warnars;*

nach Dresden, an Herrn *Röfsler;* nach Berlin, an Herrn *Schropp;* nach Hamburg, an Herrn *Hoffmann;* nach Braunschweig, an *Bremers Erben;* nach Leipzig, an Herrn *Rabenhorst;* nach Stettin, an die *Nicolaische Buchhandlung;* nach Hannover und Duisburg, an die *Hellwingsche Buchhandlung;* nach Nürnberg, an Herrn *Frauenholz;* nach Weimar, an das *Industrie-Comtoir;* nach München, an das *Intelligenz-Comtoir;* und nach Basel, an Herrn *Emanuel Thurneisen.* In Gotha, woselbst ich mich, so lange aufhalten werde, bis der Kriegsschauplatz von meinem Wohnorte (Düsseldorf) entfernt ist, nehmen die Herren *Ettinger* und *Perthes* Bestellungen an. Die Liebhaber können sich auch directe an mich wenden; und wer bey mir 6 Exemplare bezahlt, erhält das 7te gratis.

Der Preis für diese hier angekündigten acht Blatt ist, für diejenigen welche gleich bey der Unterzeichnung bezahlen, bis zum Juny 1796 — 4½ Rthl. preussisch courant oder 1⅔ Ducaten. Nach diesem Termin aber zwey Ducaten. Die übrigen zehn Blätter werden für den nehmlichen Preis geliefert werden.

Diejenigen welche die zwey Blätter von den Gegenden der Waal u. s. w. besitzen, erhalten die acht Blatt für 3 Rthl. preussisch courant oder für einen Ducaten, wenn sie mir nehmlich jene *zwey Blatt und diese Summe* portofrey übersenden.

Die drey Blätter von den Rheingegenden, von Kayserswerth bis Arnheim, überlasse ich jetzt nicht anders als für einen preussischen Thaler. Gotha den 2ten December 1795.

Wiebcking,
Churpfälzischer Wasserbaumeister.